GOUVERNEMENT GÉNÉRAL DE L'ALGÉRIE

Direction de l'Agriculture, du Commerce et de la Colonisation

SERVICE DU TOURISME

APPORTS ET ÉTUDES

DE LA

Commission du Tourisme

Instituée par arrêté du 4 Septembre 1916

ALGER
IMPRIMERIE ALGÉRIENNE
1920

Direction de l'Agriculture, du Commerce et de la Colonisation

SERVICE DU TOURISME

RAPPORTS ET ÉTUDES

DE LA

Commission du Tourisme

Instituée par arrêté du 4 Septembre 1916

ALGER

IMPRIMERIE ALGÉRIENNE

1920

AVANT-PROPOS

Prévoyant l'extension que le tourisme allait prendre en Algérie dès le rétablissement de la paix, la haute administration algérienne n'avait pas attendu la fin de la guerre pour mettre à l'étude un projet d'organisation touristique répondant à la fois aux conceptions modernes de cette nouvelle industrie et aux conditions spéciales de la colonie. Par un arrêté du 4 septembre 1916, M. le Gouverneur général Lutaud avait chargé de cette étude une commission composée de personnalités particulièrement qualifiées. Cette commission s'est acquittée de sa tâche avec compétence et clairvoyance et ses travaux ont servi de base à l'élaboration du programme du tourisme publié en 1918 par le Gouvernement général dans une brochure intitulée « Programme d'Organisation économique — Agriculture, Industrie et Commerce—Tourisme. »

Bien que la partie essentielle des propositions émises par la commission ait été incorporée dans ce programme et que certaines des mesures préconisées par elle aient même été mises à exécution pendant ces dernières années, il a paru qu'il y aurait intérêt à réunir en une brochure les rapports qu'elle avait établis au cours de ses travaux. Les groupements touristiques de la colo-

nie, les fonctionnaires et les personnalités qui s'intéressent au tourisme trouveront en effet, dans ces documents, d'utiles et judicieuses suggestions dont ils auront avantage à s'inspirer pour le plus grand bien de la cause si séduisante du tourisme.

C'est dans cette pensée qu'on a reproduit le texte des études ci-après :

1º *Esquisse d'une organisation administrative du tourisme en Algérie ;*

2º *Relevé des régions pittoresques et intéressantes de l'Algérie ;*

3º *Rapport sur la publicité ;*

4º *Rapport sur les Réserves et Parcs nationaux.*

ESQUISSE D'UNE ORGANISATION ADMINISTRATIVE DU TOURISME EN ALGÉRIE

I. — CONSIDÉRATIONS GÉNÉRALES.

II. — COMMENT EST ORGANISÉ LE TOURISME AUJOURD'HUI ; LACUNES DE CETTE ORGANISATION.

III. — LE ROLE POSSIBLE DE L'ADMINISTRATION :

    a) En pays organisé ;

    b) En pays inorganisé ;

    1) Défauts actuels ;

    2) Mesures nécessaires pour demain.

IV. — L'ADMINISTRATION CENTRALE OU SERVICE DU TOURISME AU GOUVERNEMENT GÉNÉRAL DE L'ALGÉRIE.

V. — ESQUISSE D'UN VOYAGE DANS L'ALGÉRIE TOURISTIQUE DE DEMAIN.

[illegible]
[illegible]

[illegible]
[illegible]

[illegible]

[illegible]
[illegible]
[illegible]

[illegible]

I

Esquisse d'une Organisation Administrative du Tourisme en Algérie

I

CONDITIONS GÉNÉRALES

Partout se manifestent des tendances à prévoir, à exploiter, à accaparer le mouvement de tourisme, qui s'annonce comme devant suivre immédiatement la fin de la guerre. Il s'annonce par ce que nous ont appris les agences de voyage, les compagnies de navigation, les précautions prises par les Touring-clubs et parce que nous comprenons bien la curiosité qui précipitera le monde sur le théâtre à peine vide et encore vivant d'un des plus grands drames que le monde ait vus.

Tout naturellement, en France, on songe à faire dériver des tranchées au reste du pays une curiosité d'un aussi bon rapport, un moyen aussi facile de faire revenir dans l'escarcelle française notre or provisoirement émigré en Amérique. Car la curiosité, dont on prévoit l'invasion, s'annonce américaine.

C'est comme telle qu'elle sera facilement attirée vers l'Algérie, pays récemment acquis à la civilisation chrétienne, image conservée de la vie antique et berbère, avec tout le prestige dont le roman et la romance ont doté l'arabe et son coursier, le chameau et son palmier.

Pour l'Américain, qui vient de loin à grands frais et pour de longues semaines, un petit crochet au delà du fossé méditerranéen est sans importance. Sachons provoquer ce crochet. Et d'ailleurs en tout état de cause et quel que soit l'instant, *l'Algérie se doit d'attirer le touriste* :

a) parce qu'il y a là une source de profits qu'elle ne peut dédaigner ;

b) parce que le tourisme est un moyen rapide de confronter l'esprit musulman et l'esprit européen, pour les mieux fondre ensemble ;

c) parce que l'Algérie y trouve le moyen de se faire connaître et de revoir un jour en capitaliste bienveillant, en colon laborieux, en homme politique instruit, tel passant qui n'avait d'abord voulu être qu'un touriste distrait et pressé.

Aussi, n'est-ce point seulement du touriste étranger, du lointain Yankee, doré aux contours, semeur de dollars et qu'on ne voit qu'une fois, que l'Algérie doit désirer être connue.

Elle doit attirer le français spécialement, le français condamné aux lacs italiens, ou aux châlets suisses, mandolines et clarines, quand il passe sa frontière. L'Algérie séduira la jeunesse française, toute fervente encore de rumeurs guerrières et qui, rendue à la vie monotone de la paix, conserverait l'âme inquiète qui fut celle des anciens soldats de Napoléon. A tant de jeunes forces désormais inemployées, que l'Algérie se fasse connaître, elle a des exutoires pour toutes les énergies, elle réalise au jour le jour des rêves de con-

quérants, tout en étant cependant pacifiée, organisée
de façon à rassurer l'homme sage et prévoyant que
devient toujours le plus bouillant soldat français.

Et puis, si la guerre a rendu à la France son antique
confiance en sa bravoure guerrière, l'Algérie lui dé-
montre qu'elle a toujours aussi — ce dont les plus
bienveillants doutaient — l'énergie tenace, le don d'organiser, de prévoir dans les œuvres de la paix.

Promouvoir le tourisme étranger en Algérie est une
tâche utile et de rapport.

Promouvoir le tourisme français est une tâche na-
tionale et patriotique.

L'une et l'autre doivent être entreprises simultané-
ment et l'instant est unique pour leur réussite. Un
humoriste a dit : « L'avenir est énigmatique. La paix
peut éclater d'un moment à l'autre. Sommes-nous
prêts ? ».

II

AUJOURD'HUI

Il ne suffit pas, pour attirer le touriste dans un
pays, que ce pays ait des beautés naturelles ou artistiques, il ne suffit pas que ce pays soit célébré par
des affiches multicolores ou des brochures. Ce qui
constitue le fond de la masse des touristes est un peuple plein de bonne volonté et de méfiance ; il a moins
de méfiance pour son escarcelle que de crainte devant
des périls assez vagues. Je crois qu'un touriste moyen,
ingénu comme il sied, redoute pêle-mêle, au débarqué
en Algérie : les punaises, les touaregs, les lions et les
hôteliers. Il faut le rassurer, l'amadouer, l'apprivoiser.

C'est ce que font les agences de voyage ; elles guident les pas du touriste incertain. Mais elles n'ont aucune raison de favoriser spécialement l'Algérie. Par crainte de justes reproches, elles limitent leurs efforts aux régions desservies par les trains et munies d'hôtels suffisants. Enfin, elles travaillent pour leur intérêt en vue de bénéfices immédiats.

C'est avec plus de désintéressement ce que font aussi les comités locaux, comités d'hivernage ou syndicats d'initiative ; mais ils sont tiraillés entre le désir de bien faire et la nécessité de se créer des ressources. Le touriste leur demande ce qu'ils ne peuvent bien donner et qu'ils sont contraints de donner tout de même. C'est ainsi que le Comité d'Hivernage d'Alger peut se trouver amené à organiser des caravanes vers Ghardaïa, vers El-Oued-Souf et Touggourt.

Qui ne voit qu'il tiendrait mieux son rôle, selon les désirs des personnalités distinguées qui l'ont créé, si appuyé, fortifié, mais aussi limité, il se bornait à attirer, puis à retenir le voyageur dans Alger et la grande banlieue d'Alger, en étant d'abord un excellent organe de renseignements, puis un créateur de distractions et surtout d'excursions dans ce merveilleux pays d'Alger, qu'on ne peut guère visiter quand on n'a pas d'automobile (actuellement il est pratiquement impossible d'aller en un jour d'Alger à Tipaza, Cherchell, le Zaccar, l'Abd-el-Kader, Hammam-Melouane, Palestro, Aïn-Taya, etc., et d'en revenir) (1). Toutes excursions qui retiendraient longtemps à Alger le touriste, qui, depuis que la ville bruyante et envahissante offre de moins en moins de retraite à l'hiverneur, tend de plus en plus à n'y passer qu'un jour ou deux.

Aussi, malgré les éloges qu'on leur doit, les agences

1) Il n'en est plus de même aujourd'hui

de voyage, les comités d'initiative locaux sont insuffisants.

C'est que (voyez sur la carte), la zone accessible au tourisme ne s'éloigne guère de la voie ferrée. Je me souviens qu'il y a sept ans, venant pour la première fois en Algérie, je me renseignai auprès d'une agence qui me répondit ce qu'elle dit à tous autres : « Quinze jours sont très largement suffisants ». Et le programme qu'on m'offrit comportait Alger, Alger et Blida, puis Constantine, Biskra. Après quoi je passais en Tunisie, connaissant tout ce qu'on peut — l'agence disait — connaître de l'Algérie.

Dirai-je que j'aurais pu rentrer chez moi mécontent et à jamais l'adversaire de cette Algérie où abordent, en décembre et janvier, des pauvres gens en vêtements blancs, avec ombrelles et panamas et qui, du bateau, voyant la neige du Djurdjura, ont déjà le sentiment qu'on s'est moqué d'eux. C'est qu'on ne peut attirer le touriste sans l'avoir loyalement prévenu de ce qui l'attend.

De l'organisation disloquée et embryonnaire qui coordonne le tourisme algérien, il faut conclure :

Il est insuffisant comme services immédiats ;

Il laisse inexploité les 9/10 de l'Algérie.

Il importe que toute l'Algérie soit ouverte au tourisme.

Et je note l'attrait principal, presque unique de l'Algérie sur l'imagination étrangère. Ce ne sont point vos belles villes neuves et grandissantes, ce ne sont point ces villages de colonisation où le travail français mord et s'incruste dans le sol berbère, ce ne sont point même vos forêts ou vos montagnes qui ne font pas oublier les Alpes ou les hêtraies de Compiègne, c'est le mystère de l'Islam et d'une race plastique vivant dans son décor et sous sa lumière propres... Que d'enthousiasmes ont salué l'apparition dorée qui s'étend après qu'on a franchi la gorge d'El-Kantara ! Et la vie berbère, figée dans l'Islam, montre au passant un recul dans le temps, elle lui fait faire en arrière un pas d'un millénaire. C'est là, expressément ou confusément senti, l'impérissable attrait d'un voyage en Algérie et ceux qui l'on éprouvé ne peuvent plus s'en déprendre.

Mais il est ici bien évident qu'un tel voyage qui comporte de telles péripéties ne peut pas être fait de gare en gare au long d'une voie ferrée. Il faut, pour qu'il soit possible à tous, une bienveillance, une organisation, un concours que l'Etat seul peut donner, spécialement dans les régions — les plus nombreuses — où n'existe aucune industrié privée. Le tourisme en Algérie doit être organisé par l'Etat ; il faut un organisme que j'appellerai provisoirement « Le service du tourisme au Gouvernement général de l'Algérie », pour la commodité de la démonstration.

III

LE ROLE DE L'ADMINISTRATION

Où qu'elle intervienne, l'Administration est généralement blâmée. Je n'ai pas l'intention de plaider pour elle. Il me semble pourtant qu'elle a joué un rôle fort heureux au point de vue du tourisme en Autriche-Hongrie, dans les années qui précédèrent la guerre, et nous savons que la métropole se décide de plus en plus à organiser officiellement le tourisme. Quoiqu'il en soit, en Algérie, plus que n'importe où, il appert *que les efforts en vue de faciliter, de promou-*

voir et d'exploiter le tourisme doivent, sans décourager aucune bonne volonté particulière, être centralisés par le Gouvernement général.

Ainsi l'administration doit suppléer à ce qui manque dans l'immense majorité du territoire algérien. Elle pourrait se retirer pas à pas à mesure que l'initiative individuelle créera ce qui manque. Dans le pays indigène, le pays que j'appellerai inorganisé (j'entends inorganisé au point de vue du tourisme), il me semble que le problème du tourisme doit être réalisé comme il le fut dès l'abord dans les Hautes-Alpes.

Dans les Alpes, parmi les rochers réputés inaccessibles, au bord des glaciers inviolés, il n'y avait ni gîtes, ni sentiers, ni vivres, quand la curiosité voulut y atteindre. On para au plus pressé, il y eut des vivres, des refuges, des mulets, toute la mise en scène d'une vie rude et primitive qui, maintenant que tant de chalets déshonorent les manteaux neigeux des grands monts, garde tout son intérêt ; là où il n'y a encore ni funiculaire, ni palace, on va dans les Alpes pour y mener la vie du vagabond, l'Algérie offre aux amateurs cette même vie avec des attraits nouveaux et même supérieurs et c'est ici que l'intervention de l'Etat s'impose spécialement, quoiqu'elle puisse aussi être utile et bienfaisante dans les régions que j'appellerai organisées — et c'est dans ce dernier rôle que je veux en parler d'abord.

A) *Rôle de l'Administration dans les régions organisées.*

Le problème ici n'est pas très différent de ce qu'il est en France : ce qu'il faut, c'est secouer la routine, propager l'hygiène, défendre les sites, avoir des conceptions d'ensemble, veiller à ce que l'intérêt général ne soit pas accablé par la compétition des intérêts particuliers.

Les Comités d'hivernage, les Syndicats d'initiative sont appuyés, sinon subventionnés, par l'Etat qui recueille leurs vœux, les étudie, les transmet aux administrations compétentes.

Il y a en Algérie la question primordiale des hôtels : l'Administration doit veiller à ce qu'ils réalisent une propreté élémentaire, propager la chambre dite « Touring-Club », créer des concours de confort, de simplicité.

Il peut diriger le goût des hôteliers, leur donner l'horreur des zincs d'art, des vieux reps rouges et des courtines sinistres et suspectes.

Il y a là toute une besogne de tutelle bienveillante et prudente qui parfois s'allierait d'une certaine initiative ; je ne sais pas pourquoi l'Administration ne créerait pas un hôtel là où il n'y a pas d'hôtels et où il y a l'impérieux besoin d'un hôtel. Et parmi les initiatives heureuses, il y aurait celles du Parc National, de plusieurs parcs nationaux, si on veut, dans le sens du parc Yellown Stone, aux Etats-Unis.

B) *En pays inorganisé.*

I. Ce qui se passe aujourd'hui.

Je dirai ici *ce qui se passe* quand un touriste avide de beautés neuves s'éloigne de la voie ferrée et des centres français.

Ce touriste est un de ceux, des très rares, qui réalisent leur vrai rêve de tourisme algérien, déçu un peu dès l'abord par l'aspect de l'extrême civilisation d'Alger. Ce touriste devrait être nombreux, il est très rare et je ne pense pas que l'expérience qu'il fait, l'encourage fort à recommencer. Je crains surtout que

là ne soit une source fréquente des mauvaises volon-
tés que rencontre parfois l'Algérie, une des causes de
la mauvaise presse que l'Algérie a trop souvent dans
la métropole et c'est pourquoi j'esquisse un tableau
d'un état de chose sinon fâcheux, insuffisant.

Un touriste veut donc visiter telle région éminem-
ment pittoresque mais dénuée de centres français
d'hôtels et de voies ferrées. Si même elle a de grandes
routes, le touriste veut ne pas se borner à elles. Dans
ce cas, Joanne, que je cite, conseille « Le touriste
doit s'adresser à l'Administration qui assurera l'hos-
pitalité indigène, les animaux nécessiares, etc. »

On voit que cela suppose un tourisme peu fréquent
et même exceptionnel.

En fait, voici ce qui se passe :

Un touriste dûment recommandé s'adresse à l'Administrateur de la région qu'il veut visiter. Il a déjà
(c'est d'une prudence élémentaire, mais cela suppose
même avec une initiation rudimentaire bien des mécomptes), une tente, un matériel de campement, voire
une selle ; il a aussi une autorisation d'utiliser les
maisons forestières.

Cela suppose : 1° un touriste recommandé ; 2° un
touriste qui a presque un tempérament d'explorateur ; 3° un touriste qui explore l'Algérie, commune
mixte par commune mixte, car, franchie une frontière
de commune, il n'est plus qu'un voyageur sans action
et même suspect.

L'Administrateur met à la disposition du touriste,
pour lui servir d'escorte et de garant, un cavalier indigène (deïra) et un ordre écrit aux caïds et cheiks
de lui fournir, contre argent, des vivres, des mulets,
de l'orge. Sans ce représentant de l'autorité et sans

ce firman, le touriste se heurterait au mauvais vouloir ou à l'inertie indigène. Ce n'est pas sûr qu'il en triompherait avec de l'argent.

Mais enfin, le voici muni d'une sorte d'investiture officielle et ceci amène ces résultats :

D'abord, se voyant escorté, il estime le pays peu sûr, ce qui est presque toujours une lourde erreur.

Des cheiks ou caïds, qui exploiteraient le touriste inconnu, gavent de festins le touriste connu et aux frais de leurs administrés. Ils soupçonnent en lui un personnage, le circonviennent, le flattent. Il se fait une fausse idée du pays et, dans la comparaison qui s'impose à lui entre l'indigène et le français, il préférera toujours à l'Administrateur qui l'a reçu — s'il l'a reçu sans frais ni salems — l'indigène qui l'a circonvenu et reçu pompeusement, burnous rouge et méchoui, avec des formules d'une politesse fleurie.

Le deïra de la commune mixte, qui escorte le touriste, tond toujours un peu le pays pour lui et pour son cheval.

Le caïd est contraint, réquisitionnant des mulets, d'enlever au fellah qui travaille des instruments pour le roumi qui se promène.

Ces mulets doivent être accompagnés à pied, par leurs propriétaires réquisitionnés, jusqu'à la prochaine étape. C'est d'un arbitraire qui étonne l'étranger qui en profite.

Souvent, devant l'imbroglio des pistes à peine tracées, il faut, de force, entraîner un indigène qui servira de guide.

Sans de telles mesures, il est souvent impossible de voyager en pays indigène.

Enfin le fellah, mis à contribution, n'est pas sûr d'être payé de sa peine, de son orge, de ses œufs, de ses mulets. Ignorant de la langue, ne discernant pas ceux envers qui il a telle ou telle dette, le touriste verse au déïra, qui le remet au caïd, qui le remet au kebir, etc., etc., un argent qui a des chances sérieuses de s'égarer en route.

Le passage de touristes est donc une source de mécontentements, il fausse les idées du voyageur, il ne rapporte rien à l'indigène. C'est à cela qu'aboutit le déguisement en personnage officiel du premier touriste venu.

Et c'est pourquoi il importe d'organiser officiellement le tourisme pour que le touriste cesse d'être un personnage officiel...

Il faut mettre à la portée de tous (selon un tarif fixé et un contrôle nécessaire) ce qui ne peut être qu'à la portée de quelques-uns jusqu'ici.

Mesures qui s'imposent. — D'abord il faut délimiter les régions touristiques, celles où le pays a une attraction propre et qui peuvent espérer trouver dans le tourisme un bénéfice matériel ou moral. On voit parfaitement quelles peuvent être certaines de ces régions. Par exemple :

Le pays de Tlemcen ;
—   d'El-Milia ;
La Kabylie ;
L'Aurès, etc., etc.

Une région comprend une ou plusieurs communes mixtes ; chacune constitue *son syndicat d'initiative.* C'est à ce syndicat, qui ne serait pas nécessairement dirigé par l'Administrateur — bien que profitant des ressources de la commune et lui rapportant des bénéfices — que s'adresserait le touriste.

Le syndicat, selon ses ressources, édite *son affiche, sa carte, sa brochure-guide avec renseignements prati-*

ques indiquant éventuellement les maisons forestières, les hôtels, les sources, etc.

Il possède et loue le *matériel de voyage*, tentes, cantines, lits de camp et — au moins pendant la saison du tourisme — des mulets. Il a en tous cas des selles et des bardas propres, surtout des selles pour dames, très rares en Algérie.

Il établit des *sentiers pour le tourisme*. C'est que les sentiers intéressant le touriste ne sont pas les mêmes que ceux suivis par les indigènes, naturellement dépourvus dans leurs voyages de préoccupations artistiques. Je sais bien des régions merveilleuses d'où on revient déçu pour avoir suivi les routes familières aux autochtones.

Le Syndicat choisit et forme *des guides*. Ces guides ne sont pas des deïras, mais des hommes sûrs, anciens soldats peut-être, très différents des farceurs qu'on trouve à Biskra, El-Kantara, etc. On leur donne une éducation professionnelle. Le touriste en les quittant les apprécie sur le livre qu'ils lui présentent. Ils ont des grades, première, deuxième, troisième classe qui leur valent d'être plus employés et plus payés. Ils parlent français et possèdent un boniment élémentaire sur la région. Débrouillards, ils savent parer aux contretemps de la route.

Le syndicat enfin *construit et exploite* des *refuges* là où il n'y a pas de logements.

Je viens au mot refuge pour que le touriste ne se crée pas d'illusion, pour conserver le rapprochement avec le tourisme alpin si apprécié.

Les refuges créés par les Syndicats d'initiative auraient des chambres propres avec le mobilier strictement nécessaire. En général, ils seraient, dans leur forme la plus réduite, des gourbis et, dans leur forme la plus ample, des fondoucks; ils conserveraient le style

du pays (par exemple la maison kabyle, la maison au-
rasienne à toit plat, etc.). On y vendrait les produits
intéressants du pays : poteries, bijoux, tapis. Ils auraient un gardien peu ou prou cuisinier, expert dans
les mets du pays, du méchoui à la cheurba. C'est-à-
dire que le touriste y trouverait une *adaptation à l'usage
des civilisés de la vie indigène*. Exploités en principe
par le syndicat, rien n'empêcherait celui-ci de les con-
fier par la suite à un tenancier quelconque qui offrirait
des garanties. La location des chambres, le prix des
denrées étant taxés.

En somme, le voyageur, le curieux, trouveraient en
Algérie ce qu'on ne trouve pas ailleurs. Ils seraient
dépaysés sans être abandonnés. On renoncerait à cette
manie de faire vivre le français en Afrique comme à
Béthume ou à Quimper. La grande curiosité de l'Algérie serait mise à la portée de tous et même de toutes
les bourses, car les prix des mulets, des guides, des refuges seraient facilement infiniment inférieurs à ceux
qu'on demande dans les Alpes.

IV

LE SERVICE DU TOURISME
AU GOUVERNEMENT DE L'ALGÉRIE

Nous avons ainsi vu à son aboutissement : la région touristique, ce que donnerait une organisation administrative du tourisme en Algérie ; il y aurait un
rôle plus ample, naturellement, qui serait tenu par
l'Administration centrale.

D'abord, elle aurait des agences, une au moins à
Paris, sinon dans d'autres villes d'Europe.

C'est elle qui, d'accord avec les administrations compétentes, aménagerait ou créerait *des chambres d'hôtes dans les maisons forestières, les maisons cantonnières, les anciens bordjs militaires.*

Avec la collaboration des chemins de fer, elle établirait pendant la saison du tourisme des *services d'automobiles* où auraient accès les possesseurs de certains billets circulaires.

Elle se mettrait à la disposition des touristes par des brochures, ou bien, s'il sagit de personnages dont l'opinion importe, elle s'intéresserait spécialement à eux, désireuse d'en faire des défenseurs de l'Algérie.

Elle faciliterait la création d'une *littérature algérienne,* étant en relations avec la presse et les écrivains ; peut-être y aurait-il lieu de créer un prix de littérature algérienne.

Dans les villes de tourisme, elle s'associerait aux efforts des syndicats locaux, où le voyageur trouverait des agents plus ou moins polyglottes.

C'est elle seule qui pourrait créer le tourisme dans les pays démunis de tout, par exemple dans les régions sahariennes, ou dans certaines régions de forêts.

On voit ainsi naître le tourisme de la caravane ; celui qui mène l'étranger à El-Oued-Souf, à Ouargla, à Timimmoun (en attendant le train) ; on pourrait faire partir à titre d'essai une caravane par saison.

A certains touristes plus énergiques, elle offrirait la possibilité du camping. Il y a peut-être là un effort intéressant à tenter, un plaisir un peu rude à offrir à une jeunesse désireuse d'aventures. *L'Algérie, pays du camping, pays de la tente, serait une formule à essayer.*

V

ESQUISSE D'UN PROCHAIN TOURISME ALGÉRIEN

Je suppose maintenant qu'existe le « Service du Tourisme au Gouvernement général de l'Algérie ».

Le Service du Tourisme au Gouvernement général de l'Algérie, comme je l'ai dit, agit sur les Compagnies de chemins de fer, sur les communes mixtes, etc... il coordonne les efforts des organismes existants : comités, syndicats d'hivernage, syndicats d'initiative, les appuie dans leurs démarches, attire leur attention sur certaines défectuosités, etc.

Dans les régions où n'existent ni syndicats, ni comités, de même que dans les régions écartées et en pays indigènes, le service du tourisme a son initiative propre et entière, il fait créer *des moyens d'accès et de séjour*.

A) Comme *moyens d'accès*, en plus :

    1) des *chemins de fer* : il utilise,

    2) des services de voitures ou *d'auto-cars* ;

    3) des *mulets* ;

    4) il forme des *guides* et dispose d'un matériel de sellerie et de camping.

B) Comme *lieux de séjour*, il met à la disposition des touristes, en plus :

    1) des maisons *forestières et cantonnières* ;

    2) des *maisons démontables* dans le nord, (modèles du Touring club de France) ;

3) des *gourbis* dans le sud (1) ;

4) enfin des *tentes*.

Cette organisation met à la disposition de l'amateur un tourisme à divers degrés, selon ses goûts et ses ressources :

1) Le *tourisme en chemin de fer* ;

2) Le chemin de fer *est prolongé par les services d'auto-cars* et de voitures.

3) Le tourisme en *auto-cars est prolongé par le tourisme à mulets*, selon des itinéraires choisis et aménagés pour leur pittoresque. C'est principalement pour les touristes de ces catégories 2 et 3 qu'il faudra créer des abris et gourbis spéciaux.

4) Enfin le tourisme de la tente, *le camping*. Il suppose un voyageur indépendant et débrouillard et dont on n'a pas trop à s'occuper sinon pour lui louer matériel, montures et lui fournir un guide. Ce voyageur, d'ailleurs, il aura peut-être fallu le créer, l'éduquer, mais ensuite il pullulera et fera des adeptes. Il connaîtra et fera connaître la grande utilité du tourisme algérien. Ce n'est pas de lui que je veux m'occuper ici mais du tourisme des 2e et 3e catégories (auto-cars, mulets, abris spéciaux) qui veut, sans être explorateur, accéder sans trop de fatigue aux beautés, jusqu'ici pratiquement inaccessibles, de l'Algérie.

Quels sont les moyens mis en œuvre par le service du tourisme au Gouvernement général de l'Algérie pour attirer, retenir, satisfaire ce touriste ?

---

(1) A propos d'habitations touristiques dans le sud, le plan du fondouk en toub et sans étage s'impose non seulement par son bon marché, mais pour donner au tourisme l'illusion qu'il participe à la vie indigène. Idée sur laquelle j'ai déjà insisté.

Pris à son lieu d'origine (Londres, Paris, Pontoise), le touriste a été séduit déterminé à venir en Algérie par les procédés traditionnels, affiches, livres, chroniques de journaux. Sur sa demande adressée au service du tourisme ou à une des agences qui en dérivent, il a reçu des documents. Il sait où s'adresser à son arrivée à Alger.

Mais, surtout, il n'est pas exposé à ces grossiers mécomptes qui sont la monnaie courante dans les voyages aux pays un peu exotiques.

Il sait, par exemple, s'il n'a d'autre but que d'hiverner, qu'on n'hiverne pas dans toute l'Algérie.

Il est averti que s'il veut s'éloigner des villes et des voies ferrées, une ou deux ou dix régions sont organisées pour le tourisme que dans les autres on risque des déceptions.

Bref, le touriste a déjà l'impression de recevoir des indications sincères, de n'être pas la victime d'un bluf. C'est qu'en effet, ce touriste ne doit plus être le passant qu'on dépouille peu ou prou, il faut qu'il soit le *client de l'Algérie, qu'il reste si possible son défenseur et son ami.*

Parmi les documents mis à la disposition du touriste, il faut noter :

1° *Une carte de l'Algérie touristique.* Sur cette carte, sont notés les sites et curiosités et, en plus des trains et routes, les services d'auto-cars, les sentiers créés par le service du tourisme et desservis par les mulets « officiels », les abris spéciaux, gourbis et refuges à la disposition des voyageurs.

2° *Un livret guide indicateur des horaires*, non seulement des services des trains, mais des auto-cars, voitures, etc., avec indication des prix. Ce livret contient l'évaluation approximative en heures (comme dans les Alpes) de certains trajets à faire à mulets et organisés par le service du tourisme.

Aussi : *tarif des guides*, location des chambres dans les abris ou gourbis, location des mulets, durée moyenne d'une expédition avec son plan schématique.

3º *Le calendrier du tourisme algérien*. — L'infinie diversité des climats de l'Algérie est une source de déboires. Il faut, de bonne foi, dire au touriste jusqu'à quelle date Biskra et Ghardaïa sont habitables, quand on peut tenter l'ascension de Lella-Khadidja, quand le paludisme est à redouter dans certaines régions. A ce calendrier, j'ajouterais volontiers un calendrier musulman concordant avec le calendrier grégorien. Cela permet au touriste de s'intéresser à la vie musulmane qui est une des premières attractions de l'Algérie.

4º La liste officielle des abris, hôtels, gourbis, etc., du service du tourisme peut s'enrichir de la liste de tous les hôtels de la colonie sous la condition que ces hôtels réalisent un minimum d'hygiène et de propreté et fassent connaître leurs vrais tarifs.

Ainsi documenté, le touriste sait où il va, il est délivré de la bizarre angoisse qui serre tant de voyageurs novices, il ne redoute pas de surprises. Et, du reste, il sait que, s'il a quelques scrupules en route, sa religion s'éclairera facilement aux bureaux de renseignements établis dans différents centres touristiques.

Je les vois dans les hôtels de ville, les communes mixtes, sinon dans des immeubles spéciaux.

Voici un touriste à Alger, débarqué de la veille.

Certes, il n'est pas indispensable qu'il soit pris en tutelle dans une ville comme Alger. Ici, d'ailleurs, il existe ou existera un comité local.

Je me borne à souhaiter que le touriste sache que pendant 8 jours (ou plus) il peut faire 8 excursions organisées (trains, tramways, auto-cars) dans là grande banlieue d'Alger et ce à des prix connus d'avance. Il peut s'adonner à toutes ces excursions qui ont lieu selon un roulement régulier. Exemple : 1er jour : Tipaza, 2e jour : Palestro, 3e Blida, Chiffa, etc.

Après quoi, le touriste se met en route. Il a pris, comme tout le monde, le train dans la direction Constantine, Biskra, mais il voyage le jour, voulant voir le pays.

Brusquement, l'aspect d'une gare le frappe : c'est Palestro, Maillot, Beni-Mansour, etc.

Cette gare, par son seul aspect, par les fleurs qui l'entourent, révèle qu'elle commande une région de tourisme, c'est une gare de tourisme.

Un peut y remarquer l'écriteau spécial au « Service du Tourisme au Gouvernement général de l'Algérie » artistique quoique de modèle uniforme, pour être vite découvert, cet écriteau est, je suppose, ainsi libellé :

Service du Tourisme au Gouvernement général
de l'Algérie

MAILLOT

Route de Tirourda : Service d'auto-cars
Ascension de Lella-Khadidja — Service de mulets
S'adresser...
ou bien :

Service du Tourisme au Gouvernement général
de l'Algérie

SAINT-ARNAUD

Service de voitures (ou d'auto-cars), aux ruines de Djemila
ou encore :

Service du Tourisme au Gouvernement général
de l'Algérie

MAAFA

Voies d'accès dans l'Aurès

Gorges de MAAFA

Service de mulets — Menaa (abris)

Dans les gares de tourisme, spécialement soignées, on doit toujours trouver un abri passable, quelques vivres à emporter, la brochure locale à acheter.

De même, dans les abris du service du tourisme, pourrait-on vendre quelques-uns des produits de l'industrie locale.

Le touriste que j'imagine fait donc, selon la mode, le trajet classique : Alger, Constantine, Biskra. Il a été sollicité sur son parcours et il sait que quand il cédera à une sollicitation, il n'aura pas à s'en plaindre.

Désireux donc de voir de plus près la terre algérienne et son peuple dans leur originalité, il opte enfin pour un des centres de tourisme organisé par le Gouvernement général de l'Algérie. Il choisit l'Aurès, je suppose.

Je veux noter ici que, comme un premier essai d'organisation devra bien n'être tenté d'abord que dans une région restreinte, le choix se portera fatalement sur l'Aurès ou la Kabylie.

Ces deux régions constituent des ensembles bien délimités ; les problèmes à résoudre pour y attirer le touriste sont à peu près les mêmes. La Kabylie, aux portes d'Alger, 'a des hôtels, mais trop peu et ses plus intéressants massifs sont peu accessibles.

Mêmes difficultés aggravées dans l'Aurès.

L'Aurès, aux portes de Biskra, a cet avantage sur la Kabylie d'être, au moins l'Aurès du sud, plus tôt en saison accessible que la Kabylie. Les touristes de Biskra seront aisément tentés de visiter un pays neuf, sorte de réduit jusqu'ici pour eux inattaquable et obsédant comme une énigme.

Un touriste donc veut excursionner dans l'Aurès, à l'aller à Biskra ou au retour. Je prévois deux routes à travers l'Aurès, très différentes l'une de l'autre et qu'une organisation peu compliquée peut rendre praticables.

A) *Première route* : Batna, Arris, Tighanimine, M'chounech, Biskra.

Curiosités : Tighanimine, gorges de Rouffi, gorge de Baniane, M'chounech, Ahmar Khaddou.

Un auto-car va jusqu'à Arris, terminus de la route.

Le touriste y trouve mulets et guides.

Le 1er soir, le touriste campe à Tighanimine (fondouk) le 2e soir à Rouffi (abris), le 3e jour il voit M'chounech et l'Ahmar Kahddou et peut être le soir (voiture) à Biskra (route à aménager).

Un sentier touristique est à créer dans le cañon de l'Oued el Abiod.

B) Deuxième route.

Biskra, Menaa, Maafa (ou Batna).

Le touriste gagne (mulets et guide), Branis, remonte l'Oued Abdi.

Le 2e jour, il loge à Menaa (abris), où il peut séjourner.

Le 3e jour, il atteint Batna par l'auto-car qui fait Menaa, Batna ou Maafa (et le chemin de fer) par Tagoust Menaa.

Indépendamment des routes, toute cette partie de l'Aurès est accessible, s'il y a un gîte à Menaa, en venant de Batna.

L'autre est accessible avec un gîte à **M'Chounech**, en venant de Biskra.

Supposons que le mulet se loue 4 francs par jour, le guide 5 francs. Le touriste dépensera pour **2 mulets** et un guide 13 francs par jour de dépenses supplémentaires. C'est infiniment moins cher que le tourisme alpestre (1).

Le tourisme dans l'Aurès suppose à peu près :

1º Des gîtes à Arris, à Rouffi et M'Chounech d'une part, Branis et Djemorah de l'autre ;

2º Un hôtel rudimentaire à Menaa ;

3º Des mulets et guides sur le trajet : A) Tighani-mine-M'Chounech ; B) le trajet Maafa-Menaa-Branis-Biskra.

4º Un service de voitures en attendant l'auto-car M'Chounech-Biskra.

5º Des autos-cars Batna-Menaa et Batna-Arris.

A remarquer qu'un auto-car à Batna peut, selon la saison et à tour de rôle, desservir :

      1) Timgad ;

      2) Médina (ascension du Chelia au printemps);

      3) Le Bellezma ;

      4) Arris ;

      5) Menaa.

Biskra étant un centre d'expérience indiqué, c'est là qu'on devrait réunir des adhérents pour une caravane touristique qui, deux ou trois fois par saison, irait de Touggourt à El-Oued, ou à Ouargla ou à Guerrara,

____

(1) Ces prix ont subi une hausse appréciable depuis 1916.

De même, l'auto-car de Biskra irait non seulement à M'Chounech et Sidi-Okba, mais à Khanga-Sidi-Nadji.

Il semble que tout cela soit facilement exécutable et puisse à titre d'essai être mis à bref délai en état de fonctionner.

Si on craint de trop embrasser et de mal étreindre, la mise en état de tourisme de la région de l'Aurès, avec les centres de Batna, Biskra, Menaa et Arris, serait une réponse péremptoire aux objections timides.

Elle serait inaugurée par des personnages politiques, des gens de lettres, des touristes réputés, et marquerait, si l'expérience réussit, le point de départ d'une vie de profits et de renommée pour l'Algérie (1).

Le rapporteur,

Léon SOUGUENET.

---

(1) Le programme tracé ci-dessus a été réalisé par le Gouvernement général. Les pistes entre Batna et Biskra passant par Djemorah et Menaa, d'une part, et M'chounech, Rouffi et Arris, d'autre part, ont été rendues en partie carrossables et un fondouk ou refuge a été édifié et pourvu d'un matériel sommaire dans chacun de ces villages. Le circuit de l'Aurès ainsi organisé a été solennellement inauguré le 10 Juin 1917 par M. le Gouverneur général Lutaud. Il est minutieusement décrit dans une brochure luxueusement éditée par la maison J. Barreau, imprimeur-éditeur à Paris.

II

RELEVÉ DES RÉGIONS PITTORESQUES
ET INTÉRESSANTES DE L'ALGÉRIE

Région d'Alger — Tell

1º Atlas Blidéen. — Chiffa ; Mouzaïa ; Médéa ; Le Nador.

2º Massif des Zaccars. — Miliana ; Hammam-Rirha ; route de Marceau.

3º Littoral. — Tipaza ; Chemora ; Cherchell ; route de Ténès ; Ténès ; Gorge de l'Oued-Allalah.

4º Bou-Zegza. — Gorges de Palestro ;

5º Kabylie du Djurdjura. — Route du littoral ; Dellys ; Tigzirt ; Port-Gueydon ; Massif Kabyle ; Chaîne du Djurdjura (versant Nord).

6º Massif de l'Akfadou. — Route d'Azazga à El-Kseur.

7º Vallée de l'Oued-Sahel. — Versant Sud du Djurdjura ; Akbou et les Portes-de-fer.

8º Région d'Aumale. — Le Dira.

9º Boghari. — Le Titteri ; Boghar et environs ; Boug-zoul et les Daïat.

10º Région de Téniet-el-Haad. — Route d'Affreville à Letourneux ; route de Boghar à Téniet ; le Djebel Echchaous (Taza) ; Téniet-el-Haâd ; la Forêt des Cèdres.

11º Région de l'Ouarsenis. — L'Ouarsenis ; Gorge de l'Oued Fodda (Lamartine).

12º Le Sersou algérois. — Route circulaire.

Hauts Plateaux et Atlas Saharien

1° Route de Laghouat. — Les caravansérails ; le Rocher de sel ; les Zahrers ; les Dunes ; Djelfa ; Laghouat ; le M'zab.

2° Bousaâda ; le Hodna occidental ; le Kerdada ; les dunes ; route de Bousaâda.

Constantine

1° Région de Bougie. — La route des Falaises ; les Babors ; Chabet-el-Akra.

2° Région d'Akbou. — Chellala ; Ouzellaguen ; route des Beni-Ourtilan ; la Guelaa des Beni-Abbès.

3° Région de Djidjelli. — Teksenna ; Tamesguida ; Fedoulès ; Cavallo.

4° Région de Philippeville. — Collo ; Région forestière ; Beni-Tarfout ; El-Milia ; (Gorges de l'Oued Kébir) ; les Toumiet ; Sidi-Dris ; Filfila.

5° Région de Constantine. — Djebel Ouach ; Ghettaba ; Mila ; Gorges de Kheneg.

6° Région de Sétif. — St-Arnaud ; Le Moghnès ; Le Derdjioua ; Djemila ; le Guergour ; Lafayette ; Gorges du Bou-Sellam ; Guesset ; El-Mahin ; Hautes Plaines ; Chott Beïda.

7° Région de Bordj-bou-Arréridj. — Dj. Merissane ; Medjana ; Dj. Mansourah ; Maahdid ; route de M'sila ; Oued Hannech.

6° Région du Hodna. — Oued Tebben ; Bou-Taleb ; Gorges de Soubella ; Route de Sétif à N'gaous et Barika ; Djebel Afoural.

Aïn-M'Lila. — Les lacs ; les Salines.

9° Région de Batna. — Au N.O. ; Chaînes du Touggourt ; le Bellezma ; Pasteur ; Corneille.

Au S.E. — Lambèse ; Timgad ; L'Aurès ; Khenchela.

10° Région de Bône. — Bugeaud ; Edough-la-Calle ; le Lac Fetzara.

11° Région de Guelma. — Mahouna ; Sédrata ; le Taya.

12° Région de Souk-Ahras. — La Medjerda ; Djekma ; Dj. Mzouzia.

13° Région de Tébessa. — Dj. Dyr ; le Kouif ; les phosphates.

14° Région de Biskra. — El-Outaya ; Montagne de sel ; El-Kantara ; Metlili ; les Bibans ; le Hammam.

Oran

1° Région d'Oran. — La Sebkha ; Misserghin ; route du littoral ; Arzew et le Djebel ; St-Leu ; Salines d'Arzew (marbres).

2° Région de Mostaganem. — Route du littoral ; route du Dahra.

3° Relizane. — Tiaret ; Le Sersou ; route de Tiaret à Frenda ; Dj. Lachdar ; Mégalithes.

4° Mascara. — Perrégaux ; Le Barrage ; Ham-bou-Hamfsa ; Saïda ; Tifarit ; Aïn-el-Hadjar ; L'alfa.

5° Bel-Abbès. — Le Tessala ; le Télagh ; Daya.

6° Tlemcen. — La Tafna ; Beni-Saf ; Aïn-Temouchent ; le Plateau de Terni ; Cascades de Mefrouch (anciens volcans) ; Les Apôtres ; Sebdou ; El-Aricha.

7° Nemours et Marnia. — Fillaouera ; Nedroma ; Les Trara ; Gorge d'Honaï ; Le Kiss ; Marnia ; Garrouban.

Sud Oranais

8° Le Kreider. — Chott Chergui ; Géryville ; Aflou ; El-Aboadh.

9º **Aïn-Sefra.** — Le Mekar; le Dj. Aïssa; Tiout (dessins rupestres); Neghra; Djenien bou Resg (la Montagne Verte).

10º **Figuig.** — Beni-Ounif; Oasis; Colomb-Béchar; Djebel Béchar; Igli.

III

Rapport sur la Publicité

Traiter de la publicité à faire pour développer le tourisme en Algérie, c'est essentiellement rechercher :

1º Parmi les modes de publicité, ceux qui conviennent le mieux au tourisme et en particulier au tourisme algérien.

2º Les conditions de réalisation des moyens finalement choisis.

L'étude comprend donc deux chapitres :

Chapitre 1er : *Le choix des moyens.*

Chapitre II : *Leur mise en œuvre.*

CHAPITRE 1er

LES MOYENS DE PUBLICITÉ A RETENIR

La publicité a comme champ d'action celui des perceptions humaines et comme organe de création l'imagination. Autant dire que les moyens de publicité sont infinis. C'est dans cet infini qu'il s'agit donc, tout d'abord, de localiser la publicité touristique qui englobera à son tour la publicité touristique algérienne.

Or, faire de la publicité de n'importe quel genre, c'est toujours « faire connaître et désirer au point de réaliser ».

La différence cherchée ne se trouve donc que dans l'objet de la publicité envisagée, c'est-à-dire dans les caractères spéciaux du tourisme et dans ceux du tourisme algérien.

Comme le tourisme est essentiellement le sport des voyages d'agrément, les moyens de publicité de nature à développer le tourisme en Algérie sont donc les moyens de nature :

1º A faire connaître les attractions capables de motiver des voyages en Algérie ;

2º A les faire désirer au point de faire réaliser ces voyages.

Il y a par suite deux sortes de publicité à faire: la *publicité documentaire* et la *publicité attractive* et l'objet de cette double publicité consiste dans les agréments suffisants pour provoquer des voyages en Algérie.

Publicité documentaire

Pour faire connaître les attractions touristiques algériennes, il faut :

1º En avoir la nomenclature ;

2º Trouver le ou les lieux où l'on peut rencontrer le touriste en puissance ;

3º Lui offrir, dans cette nomenclature, ce qui peut lui convenir ;

4º Lui indiquer les moyens de réaliser son voyage.

On peut envisager pour satisfaire à ces conditions :

1º La rédaction d'une monographie générale du tourisme algérien comportant :

a) La nomenclature des attractions touristiques algériennes spéciales ou non à l'Algérie.

b) **Le répertoire des hôtels, moyens de communication et de locomotion.**

c) L'indication des circuits touristiques de toute nature d'agrément, circuit d'excursion pour la beauté des sites, les curiosités artistiques archéologiques, les mœurs, etc.

d) **Des évaluations corrélatives et approximatives de dépenses.**

2º La rédaction de monographies spéciales, locales ou particulières à certaines attractions et constituant le développement des divers chapitres de la monographie générale.

3º La création d'une revue périodique du tourisme algérien, étant entendu que les monographies générales et spéciales et la revue périodique pourraient être traduites en plusieurs langues.

4º La formation d'un livret complet des horaires des Compagnies de Chemins de fer et de navigation et des services de correspondance séparé des monographies, eu égard à la fluctuation des horaires dans un pays en voie de développement comme l'Algérie.

Ces documents seraient déposés là où l'on stationne plus ou moins longtemps : bibliothèques, halls des établissements publics, salles et salons d'attente d'Administrations, de particuliers (médecins, avocats, hôtels), salles d'attente, bibliothèques des gares, compartiments des trains, etc.

On trouverait la monographie générale surtout en France et à l'Etranger, les monographies particulières surtout dans les localités correspondantes de l'Algérie qui comporteraient également leurs poteaux réclames, notamment aux abords des gares. Quant à la revue périodique, il lui serait donné la plus grande diffusion possible.

Par les moyens ci-dessus énumérés serait ainsi, organisée la publicité documentaire générale et locale permanente avec les monographies comme base constante et la revue comme organe d'évolution.

Publicité attractive.

La publicité attractive a pour objet de faire naître le désir et de le développer au point de le mettre en action. Le fond de la publicité attractive est donc la psychologie du désir.

Il faut que la publicité présente les attractions touristiques de l'Algérie, de manière à faire successivement désirer, projeter et réaliser les voyages. La publicité documentaire guide les amateurs de voyage, la publicité attractive doit les créer.

Plaire, suggérer, persuader, obséder et suggestionner au besoin, voilà le but :

Le plaisir est une manifestation de l'harmonie dans le monde de la sensation, la persuasion, l'obsession, la suggestion des modalités d'une déformation de conscience.

Il faut donc agir sur la sensation et sur la conscience. Il est fort heureux que, dans cette matière complexe, nous ayons les résultats de l'expérience.

Dans le dédale infini des moyens de la publicité attractive, on peut envisager les moyens suivants :

1º Efforts à faire pour rendre la publicité documentaire et attractive agréable. Dans cet ordre d'idées :

a) Rendre attrayante la consultation des monographies par une rédaction élégante et courte et surtout de multiples gravures ;

b) Faire de la revue périodique, la revue littéraire artistique, philosophique, économique de l'Algérie et l'imprégner de littérature touristique, en faire précisément l'organe d'agrément de persuasion, d'obsession et de suggestion, créateur du désir irrésistible ou de la conviction.

2º Appel à la réclame périodique des grands journaux à fort tirage sous une forme sans doute synthétique et fréquente, mais originale et en tout cas agréable.

3º Organisation de conférences eu égard à la puissance persuasive de la parole vivante.

4º Emploi du cinéma en raison de sa vogue.

5º Accessoirement, diffusion de pliants et prospectus dans les revues, les compartiments de chemins de fer, les salons d'hôtels, les établissements d'instruction, etc.

Comme pour la publicité documentaire, la publicité attractive réclame le choix des lieux où elle doit se propager, elle est de plus intermittente, elle commande donc en plus le choix de l'heure.

En dehors des moyens généraux de publicité attractive, il convient de faire porter particulièrement les efforts de la publicité :

En premier lieu, dans les milieux touristiques et sportifs existants ;

En second lieu, dans les milieux universitaires.

Le champ d'action du tourisme s'étendra d'ailleurs d'autant plus que les moyens de réalisation des voyages seront moins onéreux. Il y a lieu de préconiser, dans cet ordre d'idées, le développement des caravanes.

Quant à l'heure de la publicité attractive, elle dépend de tant d'éléments qu'elle semble sonner à la pendule du hasard :

En fait, cette heure varie selon les milieux touristiques envisagés. C'est ainsi que les caravanes scolaires pourront être organisées pour les vacances de Pâques, plutôt que pour les vacances de Noël et de Nouvel an, et la venue des hiverneurs suffisamment à temps avant l'ouverture de la période d'hivernage.

Une étude pratique des périodes choisies pour l'hivernage dans les autres pays a intérêt d'ailleurs à être faite pour ne pas risquer d'arriver trop tard.

CHAPITRE II
LA MISE EN ŒUVRE DES MOYENS DE PUBLICITÉ

La publicité touristique algérienne, nous venons de le voir, exige des opérations permanentes, périodiques ou intermittentes à des heures et dans des lieux choisis, ce qui implique nécessairement une continuité dans l'action.

Les opérations de publicité, d'autre part, appellent l'engagement de frais élevés.

La continuité dans l'action et l'emploi de sommes importantes motivent enfin un contrôle.

Dans cet ordre d'idées, on remarquera :

1º Que l'édition, la distribution, la surveillance et l'entretien des monographies, l'édition, la distribution et la vente de la revue, la publicité attractive sous toutes ses formes multiples, représentent bien des opérations qu'un service organisé seul est susceptible de mener à bien.

2º Que pour l'exécution de ce service on peut a priori concevoir, soit l'exécution directe par l'organisme touristique à créer, soit l'exécution indirecte par le moyen de contrats. Citons, à titre d'exemple, le cas d'une maison d'édition concessionnaire des bibliothèques des gares de plusieurs compagnies de chemin de fer.

3º Que pour pouvoir drainer toutes les ressources émanant des personnalités physiques et morales intéressées au développement du tourisme en **Algérie** ou simplement en mesure de traduire matériellement l'intérêt qu'elles portent à son développement, l'organisme à créer paraît devoir se présenter sous la forme d'une fédération des personnalités existantes ou à naitre : syndicats d'initiative généraux et locaux, hôtels, départements, communes, associations sportives, touristiques, etc. ; cette fédération pouvant d'ailleurs entrer en relation avec les fédérations analogues des autres pays en vue d'un échange réciproque de publicité.

4º Que les opérations de cette fédération ne pourront être réellement durables et fécondes qu'en s'appuyant sur l'autorité et les moyens d'action du Gouvernement général.

Pour compléter cette étude synthétique de la publicité du tourisme algérien, il resterait à comparer l'ampleur des moyens de publicité choisis à l'importance des ressources.

On se bornera donc à observer que l'avenir de la publicité du tourisme sera celui que lui donneront et l'étendue de ses ressources et la sagesse de ses administrateurs qui les incitera à préférer au prestige d'une publicité à grand tapage, mais incohérente, une publicité méthodique, serait-elle modeste.

Le 26 février 1917

Le rapporteur,
JOUAVILLE

IV

Rapport sur les " Réserves "
et " Parcs Nationaux "

L'initiative de la constitution en Algérie de « Parcs Nationaux » et de « Réserves », appartient à la *Société d'Histoire Naturelle de l'Afrique du Nord* qui, dans sa séance du 3 février 1912 et sur la proposition de *M. Maire*, professeur de botanique à l'Université d'Alger, a émis le vœu suivant :

« Considérant l'intérêt scientifique, artistique et touristique qu'il y a, en certaines régions particulièrement expressives, à maintenir ou à réaliser la flore et la faune dans leurs conditions naturelles intégrales et à la garantir contre toute intervention de l'homme ;

« Considérant que cette protection est particulièrement désirable dans l'Afrique du Nord où, au milieu des régions forestières notamment, les reliques zoologiques et botaniques des climats antérieurs sont encore si nombreuses et si intéressantes ;

« Emet le vœu que, dans les massifs soumis au régime forestier et autres ci-après énumérés, il soit constitué des réserves où, en dehors de la construction et de l'entretien des voies d'accès, toute extraction de produits quelconques (même de bois mort gisant) et tout pâturage d'animaux domestiques soient rigoureusement interdits.

« Et charge le Président de transmettre ce vœu à M. le Gouverneur général de l'Algérie, en le recommandant à sa bienveillante attention. »

(Suit la liste des réserves à constituer).

Ce vœu a été transmis, non seulement à M. le Gouverneur général, mais à l'Académie des Sciences, au Muséum National d'Histoire Naturelle, aux Sociétés Botanique, Mycologique, Entomologique et Dendrologique de France, au Touring-Club et à la Société forestière de Franche-Comté et de Belfort, et la Compagnie qui en a pris l'initiative a reçu de la plupart de ces groupements scientifiques des adhésions et des encouragements.

Peu après, la Société d'Horticulture d'Alger émettait à son tour un vœu tendant à constituer en Algérie un « Parc National » analogue à ceux réalisés dans d'autres pays.

La question prenait ainsi le double aspect sous lequel il convient en principe de l'envisager et par suite de l'examiner ici.

I. — Réserves scientifiques

La Société d'Histoire Naturelle de l'Afrique du Nord énumérait 20 réserves, à constituer en Algérie. Son vœu fut examiné par l'Administration forestière et, après consultation des chefs de service locaux, la Station de Recherches forestières fut appelée à mettre au point la réalisation éventuelle du projet.

Voici la substance des propositions soumises à cet égard, vers le début de 1913, à l'autorité supérieure :

Département d'Alger :

1° — 5 ha. dans la forêt des cèdres de Teniet-el-Haâd. On verra plus loin que ce projet de simple « réserve », s'est transformé en projet de «Parc National», donnant égale satisfaction, d'ailleurs, à tous les desiderata.

2º — 50 ha. dans la forêt des cèdres de l'Ouarsenis. Aucune objection n'a été faite par les services locaux. Il reste à délimiter cette surface sur le terrain, à en fournir le croquis et à prendre les dispositions nécessaires pour y interdire tout pâturage et toute délivrance, le bois mort compris.

3º — Le massif de chênes ballotes qui domine le lac de Mouzaïa. On demandait 15 hectares. Le Chef de Service de Médéa propose de porter cette surface à 60 ha. et en donne le croquis. Il remarque que cette surface peut être aisément exclue du parcours et de toute délivrance. Ces 60 ha. pourraient être délimités par une tranchée ou des ceinturages au minium.

4º — La forêt communale d'Aïn-Ouabane (massif du Djurdjura). Il conviendrait de hâter la procédure engagée à l'effet de soumettre au régime forestier ce boisement, si important par son caractère primitif et les reliques zoologiques et botaniques qu'il renferme.

Il y aurait lieu de veiller à ce que toute délivrance et toute exploitation fussent supprimées dès l'application du décret de soumission. Il serait désirable d'avoir un plan de ce massif.

5º — 200 hectares dans le massif de l'Akfadou, comprenant des peuplements de chêne zéen, de chêneliège et de chêne afarès, avec zones de contact et d'hybridation. Le service forestier local a fait remarquer que les habitudes délictueuses des indigènes rendraient illusoire la surveillance de cette parcelle et, par conséquent, sa préservation. On pourrait, cependant, au moins tenter la chose et commencer par s'abstenir de délivrances usagères et d'exploitations commerciales. Progressivement, surtout avec un peu de bonne volonté et d'attention, on réaliserait le but proposé. Il semble donc qu'il y ait lieu de faire délimiter dès à présent, à proximité d'une maison forestière, la réserve désirée et d'en dresser le croquis.

6º — La forêt de Bou-Djurdjura (massif du Haïzer). Le service forestier local n'a pas répondu à la question posée et l'enquête doit être reprise à cet égard.

7º — 1.000 hectares de pin d'Alep, dans la région très caractéristique de Tablat. L'accord est complet avec le Service forestier. Il faudrait examiner la possibilité de supprimer les délivrances usagères dans les deux cantons choisis (El-Ouzana et Oued Sahane), ou la cantonner pratiquement dans une autre portion du massif, quitte à réduire la réserve à 400 ou 500 hectares, isolés par des tranchées. Il faudrait en fournir le croquis.

8º — Dayas de la région de Laghouat. Ces dayas n'étant pas soumises au régime forestier, personne ne les surveille actuellement et, dans ces conditions, leur classement en tant que « réserves » serait absolument platonique. En raison de l'intérêt général qu'elles présentent, il y aurait lieu d'étudier leur soumission à ce régime. Une série de ces dayas ferait l'objet de travaux de reboisement. Les autres, restant dans leur état actuel, pourraient être considérées comme réserves, pourvu que des préposés forestiers veillassent à leur conservation. Il y aurait intérêt à avoir la liste et le pointement de ces boisements sur un croquis à grande échelle.

9º — Marabouts des environs d'Alger (Bouzaréa, Sidi-Youcef près Bouzaréa, Lalla Mériem entre Birmandreis et Kouba) remarquables par leur végétation âgée, notamment de magnifiques *Chamaerops*. Même situation administrative : ces marabouts, entourés de territoires de colonisation, sont étrangers au régime forestier. Le service local propose de signaler leur intérêt aux maires des communes où ils se trouvent, en vue d'obtenir des indigènes qui, du reste, les respectent spontanément, le maximum de protection. Pour avoir son plein effet, cette recommandation devrait passer par l'intermédiaire du Préfet.

10⁰— Trois ou quatre hectares dans les frênes et ormes de la forêt du Mazafran, près Coléa. Cette réserve est destinée à remplacer celle d'Ashrit (Départ. de Constantine), primitivement proposée par la Société d'Histoire Naturelle et qui est aujourd'hui livrée à la colonisation. Il n'est possible de l'asseoir qu'aux dépens des coupes annuelles. Cela entraînerait pour la Colonie une diminution de revenu de 5.000 francs par hectare tous les 30 ans. La préservation de cette réserve serait d'ailleurs facile. Il reste à l'asseoir sur le terrain et à en donner le croquis.

Département de Constantine :

11⁰ — La forêt du Babor avec son peuplement de cèdres et d'*Abie numidica*. Le service forestier local a démontré qu'il était impossible de mettre en réserve la totalité de cette forêt sans léser les intérêts des usagers. Le Conservateur considère néanmoins comme possible un prélèvement de 100 hectares à délimiter sur les flancs Nord et Sud du massif. Cette solution est parfaite, à condition que la parcelle envisagée englobe une partie du versant nord, une partie du sommet et une partie du versant sud, soit une sorte de rectangle à cheval sur la crête et limité, soit par des tranchées, soit par des ravins, avec une clôture métallique (évaluée à 3.500 francs). Il serait utile d'avoir un croquis de la réserve ainsi délimitée.

12º — Le Chabet-El-Akra. — La solution proposée par le Service forestier (100 hectares aux environs de Dar-Guina) répond exactement au principe du vœu. Reste à délimiter cette parcelle sur le terrain et à en fournir le croquis. Une clôture métallique (3.000 fr.) serait utile.

13º — 1.000 hectares dans le massif de l'Aurès. Le service forestier local a objecté qu'abandonner les cèdres du Chélia **aux** seules actions de la nature et notamment s'abstenir de couper les arbres morts, activerait la disparition de ces arbres. En réalité, la présence d'arbres morts ne contrarie en rien la végétation et la régénération du cèdre. Les parasites sont toujours pratiquement inoffensifs sur le cèdre sain, dont le dépérissement est bien plutôt l'effet de facteurs climatériques sur lesquels on n'a point d'action. Au surplus, que la nature tende à la conservation ou à la suppression d'une espèce botanique, c'est précisément ce que l'on veut faciliter et étudier ici.

La solution mixte proposée par le Conservateur, — réduire la réserve à un bassin d'une centaine d'hectares — accordera les besoins économiques de la forêt et le vœu qu'on discute. Il y aurait lieu d'asseoir cette parcelle à la fois sur le versant Nord et sur le versand Sud, en deux lots s'il est nécessaire, avec mise en défens complète et suppression des délivrances usagères. Il conviendra de fournir le croquis de la réserve ainsi constituée.

14º — 200 hectares du massif de l'Edough dans la zone du châtaignier. — Un projet d'échange de cette partie de la forêt étant à l'étude, il convient d'attendre sa solution. Toutefois et pour éviter que cette affaire soit perdue de vue, on pourrait, d'ores et déjà, fournir le plan de la parcelle que l'on compte réserver.

15° — 100 hectares de pins maritimes dans la région de Collo. — Le service forestier propose d'asseoir cette réserve dans la forêt de Béni-Aïcha. Si le massif résineux y est suffisamment caractéristique et s'il est possible d'y interdire tout parcours de bestiaux et tout prélèvement de produits, on peut, dès maintenant, opérer la délimitation de la parcelle sur le terrain et en fournir le croquis.

Il y aurait grand intérêt également à asseoir une réserve dans la forêt domaniale de Djidjelli. Cette parcelle pourrait comprendre les 186 ha. dont se compose le canton Oued-Kisser, où le pin maritime est en mélange avec le liège. Mêmes desiderata que ci-dessus.

16° — 10 ha. de chênes kermès dans la région de la Calle. — Le projet est prêt en principe. Il ne reste qu'à délimiter la parcelle assise dans le canton des Dunes de la forêt domaniale de la Calle et à en fournir le croquis. Un entourage métallique semble inutile, l'action naturelle des animaux sauvages rentrant dans l'ensemble des conditions que l'on désire voir se développer spontanément.

17° — 100 ha. de *Juniperus thurifera* sur le Djebel Abiod (région de Batna). — La chose ne paraît présenter aucune difficulté. Reste à asseoir la parcelle (Canton Tane de la forêt de Sgag) et à en dresser le croquis. Il est désirable de voir protéger cette réserve par un entourage métallique (2.500 francs).

Département d'Oran.

18° — 50 ha. dans la forêt d'Hafir (près Tlemcen). — Le projet est prêt et il n'y a plus qu'à asseoir cette réserve sur le terrain et à la clôturer éventuellement.

19° — 5 ha. dans la forêt de Mouley-Ismaël. — Mêmes observations.

Territoires du Sud.

20° — 500 ha. sur le sommet du Djebel Mzi et 500 sur le Dj. Aïssa, à l'Est d'Aïn-Sefra. — Cette question reste posée, le Service des Territoires du Sud ne paraissant pas avoir été consulté à cette occasion.

Cette énumération était indispensable pour mettre la Commission en présence des desiderata concrets que comporte la question et aussi pour lui faire envisager le détail des difficultés diverses qu'elle soulève.

Il n'y a pour ainsi dire pas de difficultés techniques : l'accord est établi dans presque tous les cas sur la situation et l'assiette des réserves. Il suffit de les délimiter, parfois de les clôturer et d'en donner le croquis.

Les difficultés de surveillance seront plus sérieuses. Il sera impossible, évidemment, de supprimer totalement les délits de pâturage et d'enlèvement de produits. Mais, avec un peu de bonne volonté, on les restreindra certainement. Dans certains cas, pour les dayas de Laghouat par exemple, il faut envisager la création de nouveaux postes de surveillance, prévus du reste depuis longtemps pour des raisons purement forestières.

La question la plus délicate restera celle des droits d'usage dont sont grevés certains massifs au profit des populations locales. La solution extrême serait de les « cantonner », c'est-à-dire, en somme, de les exproprier par voie légale et de les rejeter sur d'autres points. Mais les surfaces dont la réserve est demandée sont si restreintes que cette procédure, toujours difficile et longue, semble pouvoir être évitée. Les délivrances de bois, de glands, de diss, d'alfa, pourront être, en principe, facilement effectuées en dehors des réserves et, au point de vue du pâturage, la mise en **défens** peut être prononcée par le Service forestier et renouvelée tous les ans.

Il doit être entendu qu'en dehors de la construction et de l'entretien des voies d'accès, l'Administration forestière s'abstiendra de toute exploitation ou opération de sylviculture dans les réserves constituées. Les nettoiements ou les jardinages, proposés par certains chefs de service dans le but de conserver ou d'améliorer le peuplement existant, constitueraient une intervention artificielle essentiellement et précisément contraire au but que l'on poursuit ici. Nettoiement des abords pour éviter les incendies. Isolement par tranchées.

En résumé, la constitution de ces vingt réserves est possible. Elle est préparée dans la presque totalité des cas et pouvait d'ailleurs aboutir depuis quatre ans déjà. Il suffit, en somme, de la sanctionner sous la forme convenable et de veiller ensuite à son application.

II. — Parc National

Sans ambitionner de faire ici quelque chose approchant de l'incomparable Yellowstone-Park (Etats-Unis), immense domaine de 800.000 hectares où tout est à l'état de nature et où nul n'a le droit de toucher à une plante ou à un animal sous peine de prison, sans même imiter le Conseil fédéral Suisse qui, en 1912 a pris à bail pour une durée de 99 ans et au prix de 18.000 francs par an des territoires communaux (vallée de Clouza, de Tantermozza et d'Ofenberg, près de la frontière Italienne), en vue d'y constituer une merveilleuse réserve artistique et scientifique, il semble que la constitution d'un « Parc National » soit parfaitement réalisable en Algérie, par l'adoption pure et simple, dans ce but, d'une des forêts domaniales de la Colonie.

Le vœu rappelé plus haut, de la société d'Horticulture d'Alger, a été transmis à l'Administration des Eaux et Forêts, instruit par les Services locaux et mis au point par la Station de Recherches, dont voici les conclusions :

La forêt domaniale de Teniet-el-Haâd est celle qui répond le mieux à la formule de ce vœu. Ce massif d'une surface de 3.622 ha., d'un accès facile, situé à haute altitude, libre de droits d'usage, peuplé de cèdres et de chênes, est assurément l'une des régions les plus intéressantes, les plus artistiques et les plus appréciées déjà du public. L'organisation et l'embellissement de ce « Parc » doivent faire l'objet d'un examen sur place, puis de propositions qui seraient prises en commun par les représentants des groupements intéressés tels que les Sociétés qui ont pris l'initiative du vœu, la municipalité de Teniet-el-Haâd, le Comité d'Hivernage, le Touring-Club de France et l'Administration des Forêts, gérante de ce massif. Cette Administration serait ensuite chargée d'exécuter les mesures adoptées et de veiller à leur maintien.

Ces conclusions datent de 1913. Il semble que ce soit aujourd'hui à la Commission du Tourisme qu'incombe le soin de visiter la forêt de Teniet et de préciser tout ce qui doit concourir à en faire un lieu d'agrément au point de vue des hôtels, des transports, de la publicité et de l'aménagement local.

Si ce programme, tel qu'il vient d'être exposé, vient à être réalisé, l'Algérie se trouvera dotée, outre ce Parc National des Cèdres de Téniet-el-Haâd, d'une collection de vingt réserves résumant admirablement les aspects les plus caractéristiques des paysages, de la flore et de la faune de l'Afrique Mineure. Le but que l'on se proposait sera pleinement rempli.

Il faudra naturellement défendre et protéger au maximum ces parties réservées du sol national. Sans envisager de nouvelles mesures légales, on remarquera que la loi forestière du 21 février 1903 prévoit toute une gamme de sanctions, dont voici les maxima : il suffirait de décider que ces maxima seront demandés aux Tribunaux, sans transactions, pour toute injure ou déprédation constatées : Coupe ou mutilation de bois : valeur de l'arbre et 3 mois de prison. Coupe de menus bois : 10 francs par bête attelée, 5 francs par bête de somme, 2 francs par charge d'homme et cinq jours de prison. Enlèvement de liège de reproduction : 40 francs par quintal et 6 mois de prison. Enlèvement de liège mâle : 1 franc par pied d'arbre. Pâturage dans les bois de plus de dix ans : 1 franc par bête à laine, veau ou cochon, 2 francs par bœuf, vache, chèvre, ou bête de somme, 5 francs par chameau et deux mois de prison pour le berger ; amende double pour les bois de moins de dix ans. Feu en forêt : 500 francs d'amende et 6 mois de prison, etc. Ces sanctions, on le voit, sont extrêmement fortes. D'autre part, il est possible que la Métropole, qui étudie en ce moment (1) la question des réserves et des parcs nationaux, envisage des pénalités spéciales qui, le cas échéant, pourraient être rendues applicables à l'Algérie. Au cas où elles s'incorporeraient au cadre forestier français, il conviendrait, bien entendu, que les parlementaires de la Colonie fissent le nécessaire pour que le texte voté pût être incorporé de même à la loi spéciale à la colonie.

Il est extrêmement probable qu'après la guerre, le pays et ses colonies proches verront s'accentuer les

---

(1) La dernière réunion s'est tenue le 26 janvier 1917, à Paris, sous la présidence du Prince de Monaco.

courants de tourisme, soit de la part des alliés, soit de la part des neutres. Pour les attirer et les retenir, la publicité jouera un grand rôle. Il faut que les Réserves et les Parcs que nous allons constituer soient décrits au point de vue artistique, touristique et scientifique dans des plaquettes joignant à une présentation agréable, une documentation soignée et une abondante illustration. La Station de Recherches forestières s'occupera volontiers de la rédaction de ces notices, certaine qu'elle est, par ailleurs, de trouver de précieuses collaborations.

Si la Commission approuve ces considérations, je lui proposerai d'adopter la résolution suivante :

La Commission.

Après avoir pris connaissance des vœux émis par la Société d'Histoire Naturelle de l'Afrique du Nord et de la Société d'Horticulture d'Alger, adopte la liste des Réserves et Parcs à constituer en Algérie, telle qu'elle a été proposée par la Station de recherches forestières du Nord de l'Afrique et y ajoute la région des chênes zeen et des houx de Fedzein ;

Exprime le désir de voir ces propositions examinées et sanctionnées le plus tôt possible par l'autorité supérieure et attacherait du prix à avoir communication des décisions intervenues à cet égard ;

Deux questions lui paraissent mériter une solution rapide : 1º Transformation de la forêt des cèdres de Téniet-el-Haad en Parc National ; 2º Soumission au régime forestier et protection sévère de la forêt communale d'Aïn-Ouabane, pour laquelle il conviendrait d'étudier un projet de chemin permettant d'y accéder à la fois par le col de Tirourda et le col de Tizi-n-kouilal.

Le 2 février 1917.

Le Rapporteur,
DE PEYERIMHOFF.

TABLE DES MATIÈRES

9 782329 060